連続模様で楽しむ
かんたん刺しゅう

池田みのり

日本文芸社

はじめに

布の織り目を数えて刺すカウントステッチといえばクロス・ス
テッチが代表的ですが、クロス・ステッチのほかにいくつかの
簡単なステッチを組み合わせることで、さらに多様な表現をす
ることができます。

本書では、バック・ステッチやストレート・ステッチなどのシ
ンプルなステッチで草花や木々、幾何学模様などの図案をデザ
インして、それを規則的に配置した連続模様を紹介しています。
同じ図案の色違いや、配列を変えたアレンジ例などもたくさん
載せていますので、本の通りに刺す以外に、ぜひご自身の好み
に合わせた色合いや配置を試してみてください。

ひと針ごとに広がる刺しゅうの楽しさを味わっていただければ
嬉しいです。

池田みのり

contents

はじめに　　　　　　　2
本書について　　　　　5

材料と道具　　　　　　6
糸の引き出し方

針の通し方　　　　　　7
刺しゅう枠の使い方
刺し始めと刺し終わり

ステッチの刺し方　　　8

✳ **Girly**　　　13

✛ **Simple**　　39

★ **Pop**　　　55

❖ **Natural**　71

作品の仕立て方　　　92

色について　　　　　　38
布について　　　　　　54
柄の送りについて　　　70

本書について

- 本書の作品は、コスモジャバクロス65（10㎝平方：65目×65目）、コスモ25番刺しゅう糸を使用しています。
- 材料中の（　）は、コスモの色番号を示しています。
- 図案中のSはステッチの略です。
- ステッチ名の後の（　）は、糸の本数や糸を巻く回数（フレンチ・ノットの場合）を示しています。
- 仕立ての必要な作品は、仕立て方をp.92〜94で解説しています。
- p.19, 21, 37, 49の図案中にある黄色の線は、図案の送りの単位を示しています。
- 各章のはじまり（p.13, 39, 55, 71）の図案は、p.94に掲載しています。

材料と道具

①布
布目を拾って刺すため、布目を数えやすい布がおすすめ。本書では、タテ糸とヨコ糸が同じ目数、同じ間隔で織られたジャバクロスを使用。

② 25番刺しゅう糸
細い糸6本がゆるく撚り合わさっている綿100％の刺しゅう用糸を使用。1本ずつ引き抜き、必要な本数を引き揃えて使用する。

③刺しゅう枠
外枠と内枠の間に布を張って使用する。さまざまなサイズのものがあるので、刺す図案の大きさに応じて選ぶとよい。

④刺しゅう針
布の織り糸を割らないように、針先の丸いクロスステッチ針を使用。何本取りで使用するかによって針の太さを替える。

⑤糸切りばさみ
糸をカットするときに、刃先が細く、切れ味の鋭いはさみを用意。

⑥裁ちばさみ
図案に合わせて布を裁つときに、布用のはさみを1本用意しておく。

⑦印つけペン
水で消えるか時間が経ったら消えるタイプの印つけペンを用意。

糸の引き出し方

1 ラベルは外さず、糸端を引き出す。50cm程度にカットする。

2 撚り合わさった6本の糸を軽くほぐし、糸を1本ずつ引き抜く。

3 必要な本数(2本取りの場合は2本)を、糸端から引き揃える。

針の通し方

1 針の頭を糸端に重ねる。

2 糸端を折り（左）、折り山を親指と人さし指でつまむ（右）。

3 針を抜き、折り山を針穴に通し（左）、糸を引く（右）。

刺しゅう枠の使い方

1 外枠の金具をゆるめ、内枠から外枠を外す。

2 内枠の上にカットした布を重ね、その上から外枠を垂直にはめる。

3 布をピンと張った状態で金具を締める。

刺し始めと刺し終わり

通常は玉結びと玉留めで始末するが、1本取りの場合は布目から結び目が抜けやすいため、布の裏側で捨て針で始末する。

1 刺し始めから1〜2目離れたところの、織り糸の裏だけを1目拾う（左）。同じところにもう一度針を通す（右）。

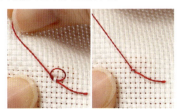

2 糸を引き（左）、捨て針の完成。刺し始める（右）。

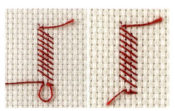

3 刺し終わりも同様に、1〜2目離れたところの織り糸の裏だけを1目拾い、同じところにもう一度針を通す。

ステッチの刺し方

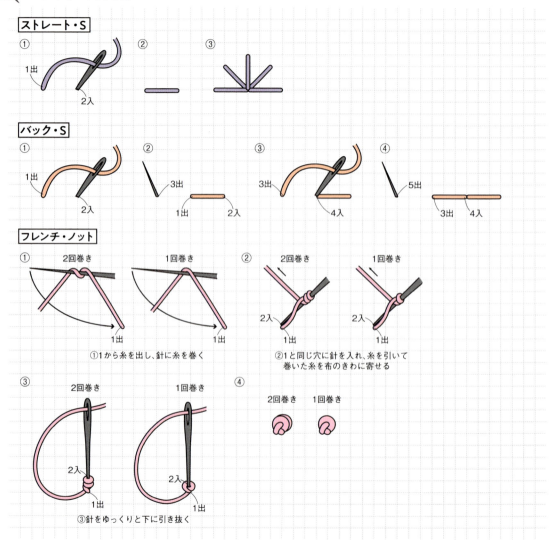

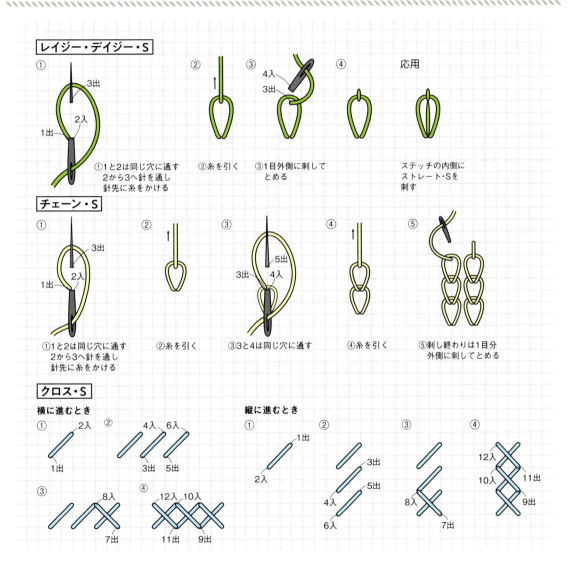

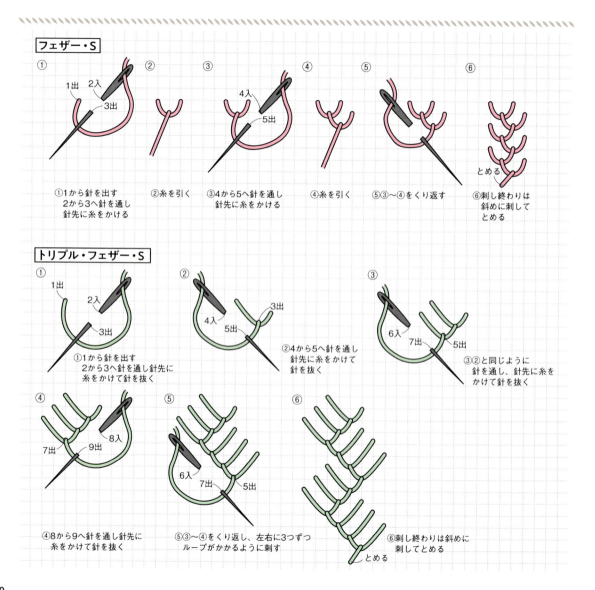

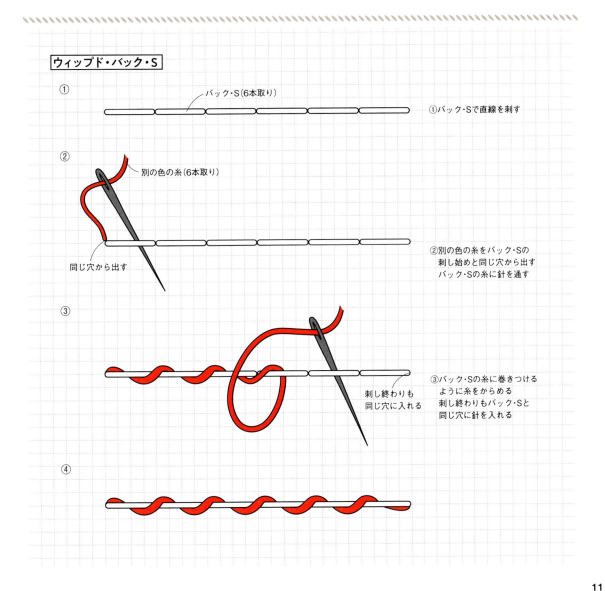

✳
Girly
✳

Girly
*
01

a

b

*
―
14

how to stitch

材料
a
【糸】コスモ 25 番刺しゅう糸 赤 (241A)、
　　　緑 (318)、白 (110)
b
【糸】コスモ 25 番刺しゅう糸 ブルーグレー (2981)、
　　　緑 (318)、白 (110)
共通
【布】コスモジャバクロス 65
　　　(10. オフホワイト)

※花心のフレンチ・ノットは
　花びらを刺し終えた後に刺す。

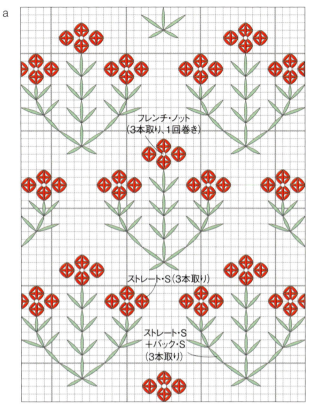

a

フレンチ・ノット
(3本取り、1回巻き)

ストレート・S (3本取り)

ストレート・S
＋バック・S
(3本取り)

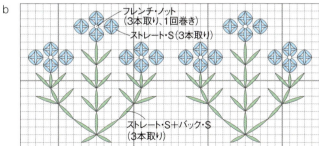

b

フレンチ・ノット
(3本取り、1回巻き)
ストレート・S (3本取り)

ストレート・S＋バック・S
(3本取り)

Girly
*
02

a b

how to stitch

材料
a
【糸】コスモ25番刺しゅう糸 サーモンピンク（126A）、緑（318）
b
【糸】コスモ25番刺しゅう糸 青（734）、グレー（891）
共通
【布】コスモジャバクロス65（10.オフホワイト）

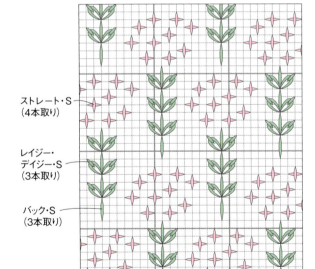

共通

ストレート・S
（4本取り）

レイジー・
デイジー・S
（3本取り）

バック・S
（3本取り）

Girly
*
03

a

b

how to stitch

材料
a
【糸】コスモ25番刺しゅう糸 緑（536）、黄色（702）
b
【糸】コスモ25番刺しゅう糸 青（734）、ピンク（462）
共通
【布】コスモジャバクロス65（10.オフホワイト）
【その他】直径8cm刺しゅう枠各1個

※葉はレイジー・デイジー・Sを刺してから
　中のストレート・Sを刺すときれいに仕上がる。
※刺しゅう枠の仕立て方はp.92。
※bは図案を180度回転させる。

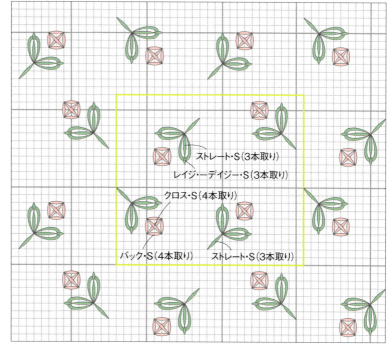

Girly
*
04

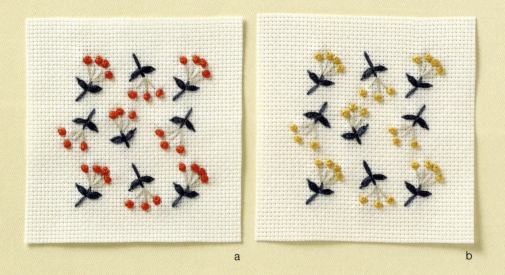

a   b

*
20

how to stitch

材料
a
【糸】コスモ25番刺しゅう糸 オレンジ色（2343）、
　　青（167）、グレー（712）
b
【糸】コスモ25番刺しゅう糸 黄色（702）、
　　青（167）、グレー（712）
共通
【布】コスモジャバクロス65（10.オフホワイト）

※葉はレイジー・デイジー・Sを刺してから
　中のストレート・Sを刺すときれいに仕上がる。
※フレンチ・ノットは刺す位置に薄く印をつけておくと
　間違いにくい。

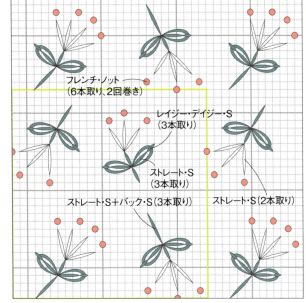

Girly
*
05

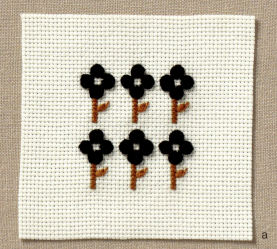
a

b

how to stitch

材料
a
【布】コスモジャバクロス65（10.オフホワイト）
【糸】コスモ25番刺しゅう糸 黒（600）、茶色（706）
b
【布】コスモジャバクロス65（1.ブラック）
【糸】コスモ25番刺しゅう糸 白（110）、緑（320）

※葉はレイジー・デイジー・Sを刺してから中の
　ストレート・Sを刺すときれいに仕上がる。

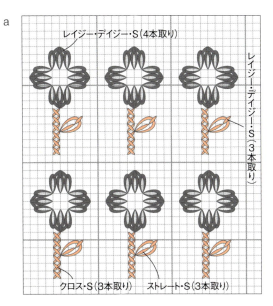

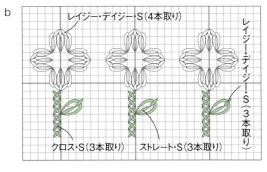

Girly
*
06

*
24

how to stitch

材料

a
【布】コスモジャバクロス 65（54. ノーブルグレー）
【糸】コスモ 25 番刺しゅう糸 白（110）
b
【糸】コスモ 25 番刺しゅう糸 ピンク（853）
c
【糸】コスモ 25 番刺しゅう糸 サーモンピンク（126A）
d
【布】コスモジャバクロス 65（70. カスタード）
【糸】コスモ 25 番刺しゅう糸 白（110）
e
【布】コスモジャバクロス 65（99. 生成）
【糸】コスモ 25 番刺しゅう糸 オレンジ色（2343）
a〜d 共通
【その他】直径 4cm くるみボタン各 1 個
b・c 共通
【布】コスモジャバクロス 65（10. オフホワイト）

※a〜d のくるみボタンの仕立て方は p.92。
※レイジー・デイジー・S とストレート・S を
　1 セットにして左から右へ進む。

a
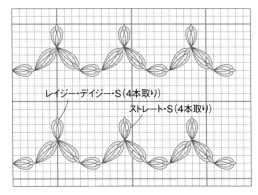

b〜d 共通
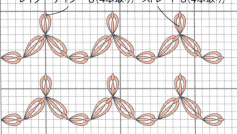

e
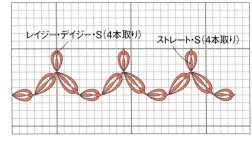

Girly
✱
07

how to stitch

材料
【布】コスモジャバクロス 65（10. オフホワイト）
【糸】コスモ 25 番刺しゅう糸 緑（318）、黄色（702）

Girly
*
08

a

b

c

d

how to stitch

材料
a
【糸】コスモ25番刺しゅう糸 黄色（701）、明るい緑（534）
b
【糸】コスモ25番刺しゅう糸 サーモンピンク（2341）、淡い緑（2533）
c
【糸】コスモ25番刺しゅう糸 紫（553）、青緑（535）
d
【糸】コスモ25番刺しゅう糸 濃いピンク（505A）、緑（2535）
a・d共通
【布】コスモジャバクロス65（10. オフホワイト）
b・c共通
【布】コスモジャバクロス65（99. 生成）

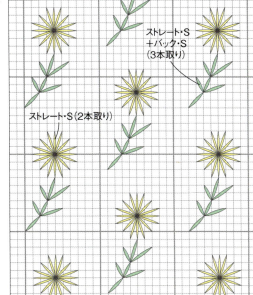

Girly
✻
09

a

b

✻
30

how to stitch

材料
a
【布】コスモジャバクロス 65（10. オフホワイト）
【糸】コスモ 25 番刺しゅう糸 ピンク（461）、緑（318）
b
【布】コスモジャバクロス 65（90. ビンテージブルー）
【糸】コスモ 25 番刺しゅう糸 白（110）

※花部分はストレート・S を 2 重に刺して立体感を出す。
太めの針を使うときれいに仕上がる。

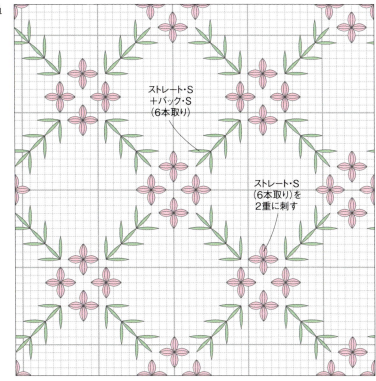

共通

ストレート・S
＋バック・S
（6本取り）

ストレート・S
（6本取り）を
2重に刺す

Girly
*
10

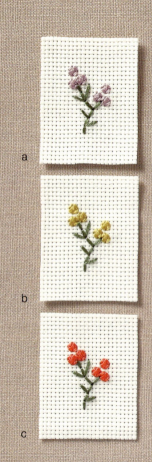

a

b

c

d

*
32

how to stitch

材料

a
【糸】コスモ25番刺しゅう糸
　　 紫（262）、緑（318）

b
【糸】コスモ25番刺しゅう糸
　　 黄色（821）、緑（318）

c
【糸】コスモ25番刺しゅう糸
　　 ピンク（836）、緑（318）

d
【糸】コスモ25番刺しゅう糸
　　 水色（525）、緑（318）

共通
【布】コスモジャバクロス65
　　 （10. オフホワイト）

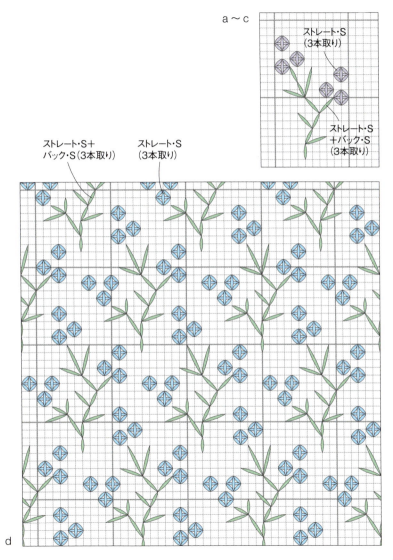

Girly
 *
 11

 *
 34

how to stitch

材料
【布】コスモジャバクロス 65（10.オフホワイト）
【糸】コスモ 25 番刺しゅう糸 緑（318）、ブルーグレー（733）、
　　グレー（891）、サーモンピンク（2341）

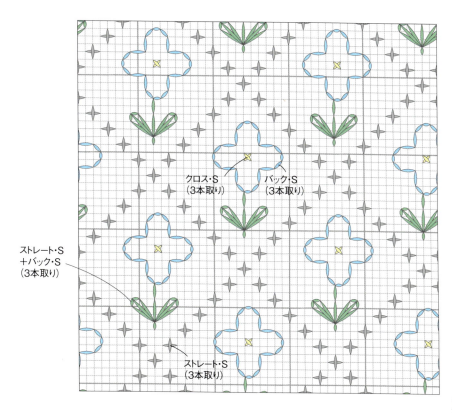

how to stitch

材料
a
【布】コスモジャバクロス65（99.生成）
【糸】コスモ25番刺しゅう糸 赤（838）、グレー（715）
b
【布】コスモジャバクロス65（54.ノーブルグレー）
【糸】コスモ25番刺しゅう糸 赤（838）、白（110）
【その他】直径8cm刺しゅう枠1個

※bの刺しゅう枠の仕立て方はp.92。

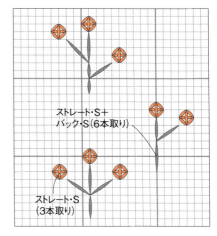

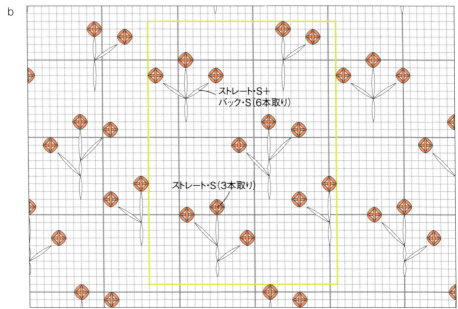

色について

　刺しゅうの楽しさのひとつに、糸の色数の豊富さが挙げられます。刺しゅう糸は、淡い色調のものからビビッドなものまでたくさんの色が揃っているので、どれにしようか迷うのも刺しゅうの醍醐味ではないでしょうか。シンプルに1色だけで刺すのも素敵ですし、たくさんの色を使ってカラフルに刺すのも、違った魅力があると思います。同じ図案でも選ぶ色によって雰囲気がガラリと変わりますので、ぜひ自分の好きな色を見つけて刺してみてください。

1色で刺した場合　　2色で刺した場合

3色で刺した場合　　カラフルに刺した場合

【布】
コスモジャバクロス65（10. オフホワイト）
【糸】
コスモ25番刺しゅう糸
緑（318）、黄色（821）、
青（734）、ベージュ（307）、グレー（892）
※図案はp.29「Girly 08」bと同じ。

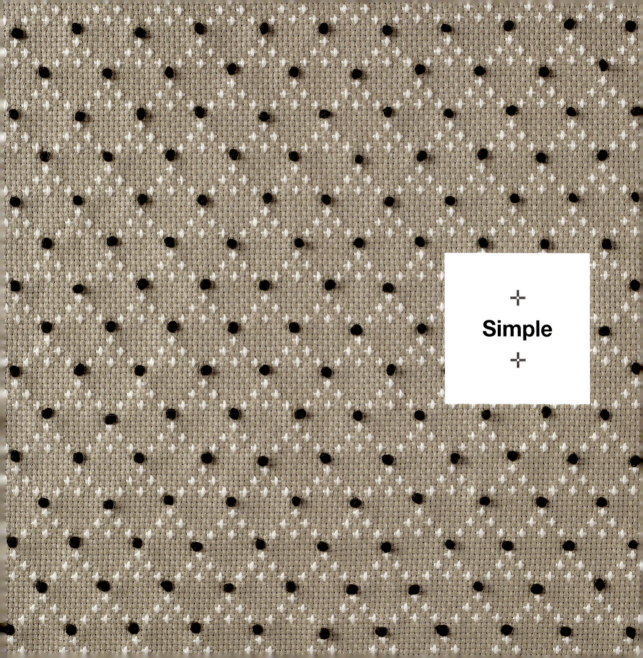

Simple
✣
01

how to stitch

材料

a
【布】コスモジャバクロス 65（99.生成）
【糸】コスモ 25 番刺しゅう糸 ブルーグレー（2981）

b
【布】コスモジャバクロス 65（70.カスタード）
【糸】コスモ 25 番刺しゅう糸 白（1000）

c
【布】コスモジャバクロス 65
　　（89.フローズンブルー）
【糸】コスモ 25 番刺しゅう糸 白（1000）

d
【布】コスモジャバクロス 65
　　（54.ノーブルグレー）
【糸】コスモ 25 番刺しゅう糸 白（1000）

a
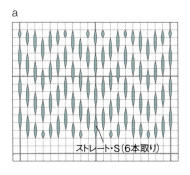
ストレート・S（6本取り）

b
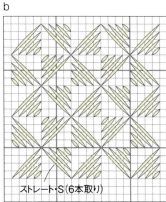
ストレート・S（6本取り）

c
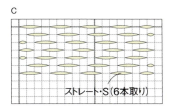
ストレート・S（6本取り）

d
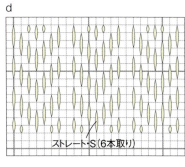
ストレート・S（6本取り）

Simple
+
02

+
42

Simple
÷
03

a
b
c
d
e

÷
43

how to stitch　Simple÷02（p.42）

材料
共通
【布】コスモジャバクロス65（10. オフホワイト）
【糸】コスモ25番刺しゅう糸 緑（320）

a

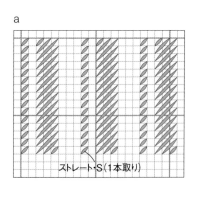

ストレート・S（1本取り）

b

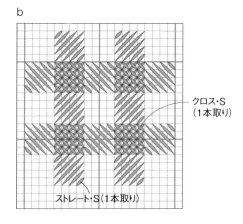

クロス・S（1本取り）

ストレート・S（1本取り）

c

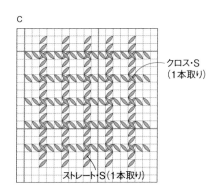

クロス・S（1本取り）

ストレート・S（1本取り）

d

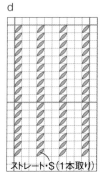

ストレート・S（1本取り）

how to stitch　Simple+03 (p.43)

材料
共通
【布】コスモジャバクロス 65（90. ビンテージブルー）
【糸】コスモ 25 番刺しゅう糸 白（110）

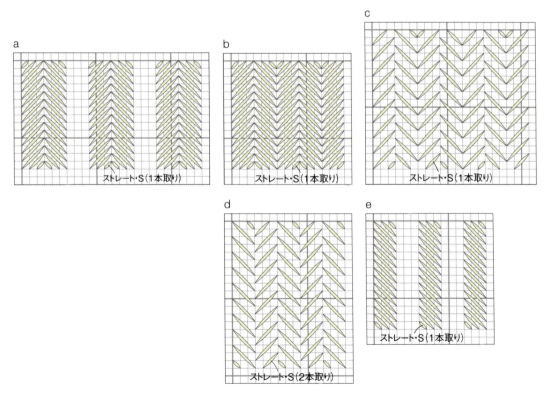

Simple
✢
04

a

b

c

d

+
46

how to stitch

材料
a
【糸】コスモ25番刺しゅう糸 グレー（713）
【その他】直径3cmくるみボタン1個
b
【糸】コスモ25番刺しゅう糸 白（110）
c
【布】コスモジャバクロス65（70.カスタード）
【糸】コスモ25番刺しゅう糸 黄色（700）
d
【布】コスモジャバクロス65（90.ビンテージブルー）
【糸】コスモ25番刺しゅう糸 白（1000）
a・b共通
【布】コスモジャバクロス65（10.オフホワイト）
b・c共通
【その他】直径3.5cmくるみボタン各1個

※a〜cのくるみボタンの仕立て方はp.92。

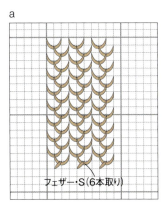
a

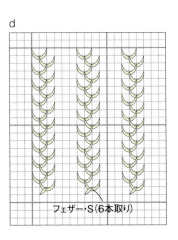
d

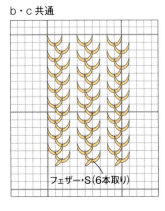
b・c共通

Simple
+
05

a

b

+
—
48

how to stitch

材料
a
【糸】コスモ25番刺しゅう糸 赤（800）、黄色（300）
b
【糸】コスモ25番刺しゅう糸 赤（800）
共通
【布】コスモジャバクロス65（1.ブラック）

※刺す順番に決まりはないが、クロス・Sをはじめに刺し、
　斜めのストレート・S、逆のストレート・Sの順に刺すと刺しやすい。
※黒の布は難易度が高いため、刺すときは白い紙や布を下に敷いて
　穴を見えやすくして刺すとよい。

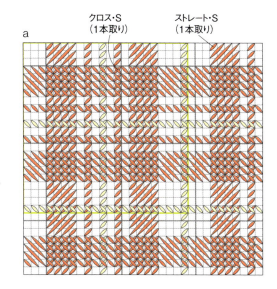

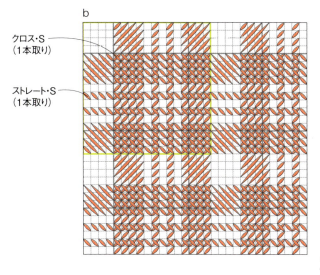

Simple
06

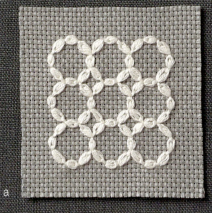

a

b

c

Simple
+
07

a

b

how to stitch　Simple✛06（p.50）

a
【布】コスモジャバクロス65（89.フローズンブルー）
b・c共通
【布】コスモジャバクロス65（54.ノーブルグレー）
c
【その他】5×4.5㎝口金ゴールド1個
　　　　　裏布10×20㎝
共通
【糸】コスモ25番刺しゅう糸 白（110）

※cのがま口の仕立て方はp.93。

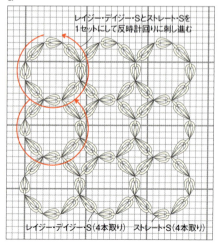

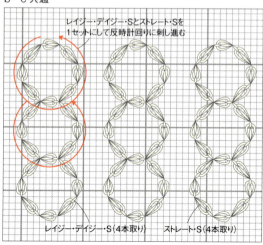

how to stitch　Simple+07（p.51）

a
【布】コスモジャバクロス 65（90. ビンテージブルー）
【その他】直径 8cm 刺しゅう枠 1 個
b
【布】コスモジャバクロス 65（54. ノーブルグレー）

共通
【糸】コスモ 25 番刺しゅう糸 白（110）

※ a の刺しゅう枠の仕立て方は p.92。

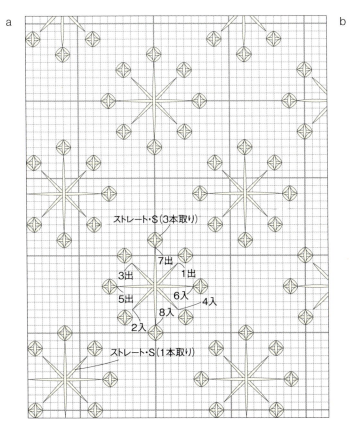
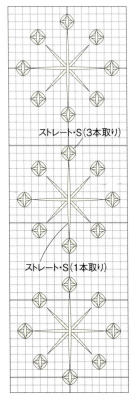

布について

　本書で使っている布は「ジャバクロス」という、縦横がほぼ同じ間隔で織られているカウントステッチ専用の布です。この織りのマス目の間隔は「目数」と呼ばれ、10cmあたりに入るマス目の数を表示しています（※1インチあたりの数を「カウント（ct）」で表示している場合もあります）。

　本書ではすべて10cmあたり約65目の布を使っていますが、細かいと感じる場合は、もう少し粗い目数のものを選ぶと刺しやすくなります。ただし、同じ図案でも布の目数によって出来上がりの大きさに差が出るので注意してください。また、糸の取り本数も、目数によって加減して刺すとバランスよく仕上がります。ジャバクロスは手芸店の刺しゅうコーナーで扱っていて、反物やカットクロスの形状で売られていますので、用途に合うものを選んでみてください。

※写真は実物大です。

約65目／10cmあたり（≒16カウント／1インチあたり）　3本取り

約55目／10cmあたり（≒14カウント／1インチあたり）　4本取り

約45目／10cmあたり（≒11カウント／1インチあたり）　5本取り

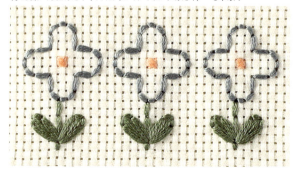

【布】
コスモジャバクロス 65（10. オフホワイト）
【糸】
コスモ 25 番刺しゅう糸
緑（318）、ブルーグレー（733）、サーモンピンク（2341）
※図案は p.95。

Pop
★
01

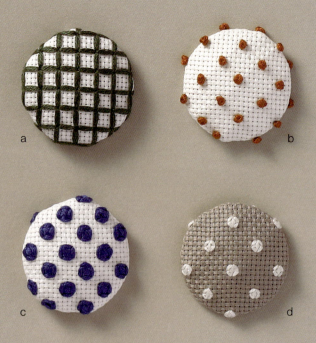

how to stitch

材料
a
【糸】コスモ25番刺しゅう糸 緑（2319）
b
【糸】コスモ25番刺しゅう糸 茶色（704）
c
【糸】コスモ25番刺しゅう糸 青（215）
d
【布】コスモジャバクロス65（54.ノーブルグレー）
【糸】コスモ25番刺しゅう糸 白（110）
a〜c共通
【布】コスモジャバクロス65（10.オフホワイト）
共通
【その他】直径4cmくるみボタン各1個

※くるみボタンの仕立て方はp.92。

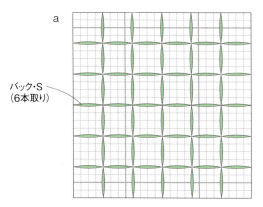

バック・S
（6本取り）

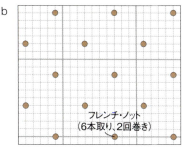

フレンチ・ノット
（6本取り、2回巻き）

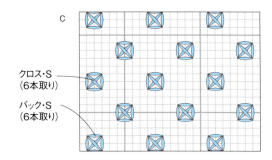

クロス・S
（6本取り）

バック・S
（6本取り）

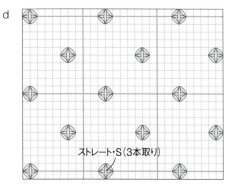

ストレート・S（3本取り）

Pop
★
02

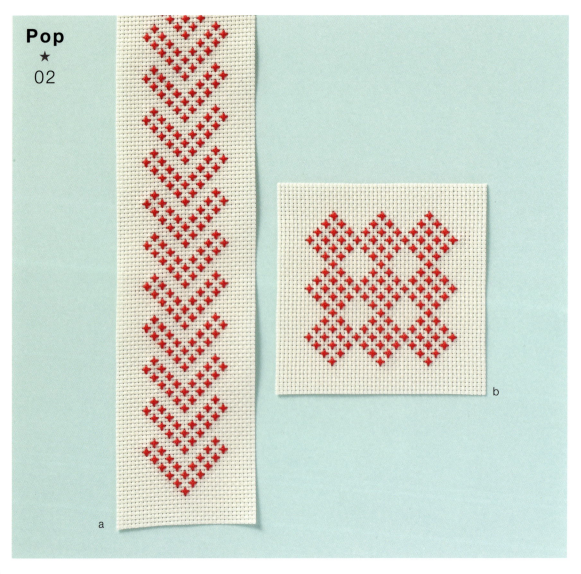

a

b

★/58

how to stitch

材料
共通
【布】コスモジャバクロス65（99.生成）
【糸】コスモ25番刺しゅう糸 ピンク（115A）

a

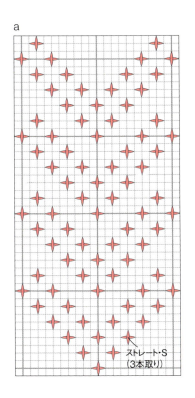

b

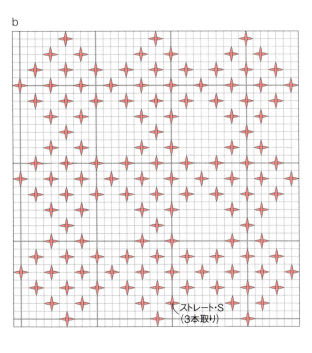

ストレート・S
（3本取り）

Pop
★
03

★/60

how to stitch

材料
a
【糸】コスモ25番刺しゅう糸 白（110）、淡いグレー（714）、濃いグレー（716）
b
【糸】コスモ25番刺しゅう糸 白（110）、水色（562）、淡い緑（2533）
c
【糸】コスモ25番刺しゅう糸 茶色（2307）、緑（316A）
d
【糸】コスモ25番刺しゅう糸 白（110）、淡い黄色（299）、黄色（300）
e
【糸】コスモ25番刺しゅう糸 赤（838）
f
【糸】コスモ25番刺しゅう糸 白（110）、青（167）、ブルーグレー（733）
共通
【布】コスモジャバクロス65（10.オフホワイト）

※a・b・d・fは各色2本ずつ（計6本）を引き揃えて刺す。
※cはチェーン・Sを刺し終えてから、フレンチ・ノット（6本取り、2回巻き）を
　バランスを見てランダムに刺す。

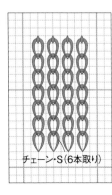

Pop
★
04

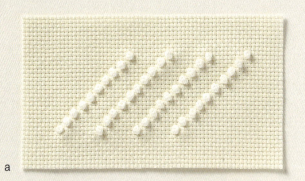

a

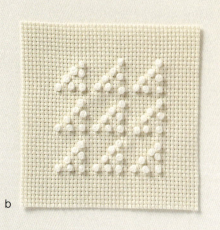

b

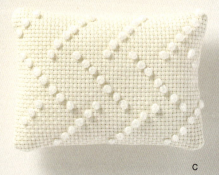

c

how to stitch

材料
【布】コスモジャバクロス 65（99. 生成）
【糸】コスモ 25 番刺しゅう糸 白（100）

※フレンチ・ノットは刺す位置に薄く印をつけておくと間違いにくい。
※ c のピンクッションの仕立て方は p.92。

b

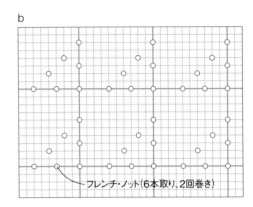

a

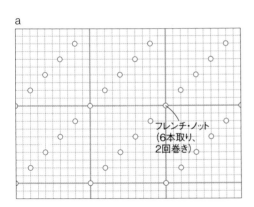

c

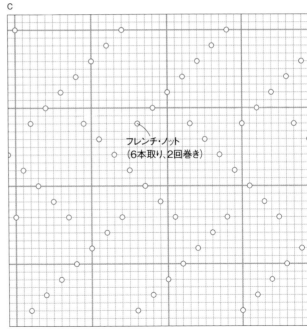

Pop
★
05

a

b

c

how to stitch

材料
a
【布】コスモジャバクロス 65 (10. オフホワイト)
【糸】コスモ 25 番刺しゅう糸 黄色 (300)、青 (732)
b
【布】コスモジャバクロス 65 (54. ノーブルグレー)
【糸】コスモ 25 番刺しゅう糸 白 (110)、緑 (896)
c
【布】コスモジャバクロス 65 (70. カスタード)
【糸】コスモ 25 番刺しゅう糸 白 (110)、淡い緑 (2533)
共通
【その他】直径 4㎝くるみボタン各 1 個

※くるみボタンの仕立て方は p.92。

共通

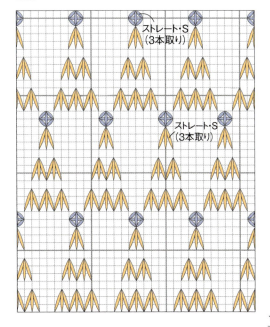

Pop
★
06

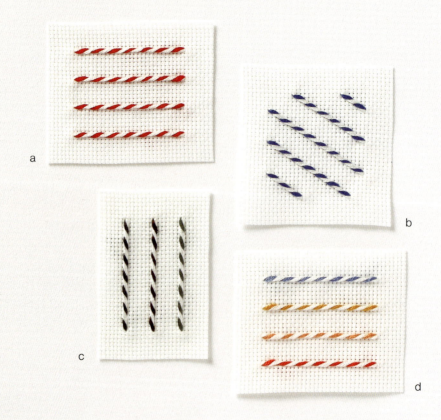

how to stitch

材料
a
【糸】コスモ 25 番刺しゅう糸 赤（241A）、白（110）
b
【糸】コスモ 25 番刺しゅう糸 青（526）、白（110）
c
【糸】コスモ 25 番刺しゅう糸 グレー（895）、こげ茶（2311）、緑（536）
d
【糸】コスモ 25 番刺しゅう糸 水色（525）、黄色（2702）、サーモンピンク（127）、オレンジ色（2343）、白（110）
共通
【布】コスモジャバクロス 65（10. オフホワイト）

※ c は図案を 90 度回転させる。

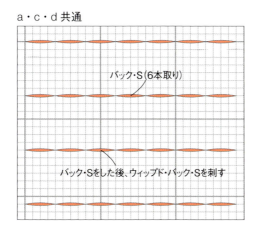
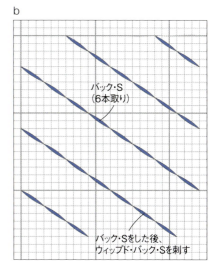

Pop
★
07

a

b

how to stitch

材料
a
【糸】コスモ25番刺しゅう糸 黄色（300）、青（526）
b
【糸】コスモ25番刺しゅう糸 水色（2563）
共通
【布】コスモジャバクロス65（10.オフホワイト）

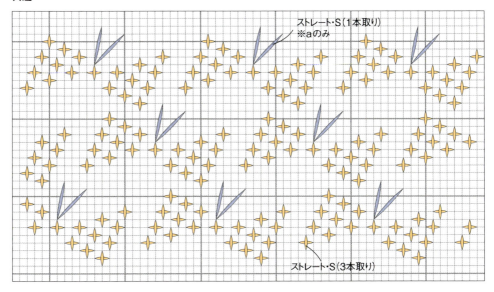
共通
ストレート・S（1本取り）
※aのみ
ストレート・S（3本取り）

柄の送りについて

　連続模様は、一定の幅で同じ模様が繰り返されるように構成されていて、これを「リピート」または「送り」といいます。送りの方法は何通りかありますが、代表的なものに「四方送り」と「ハーフ・ステップ送り」があります。「四方送り」は柄を縦横にそのまま展開していく方法で、「ハーフ・ステップ送り」は横に展開するときに柄の半分をずらして展開する方法です。

　気に入ったモチーフがあれば、ぜひご自身で柄の送り方をアレンジしてみてください。横に並べてボーダー柄にしたり、ワンポイントで楽しむのもおすすめです。

四方送り

ボーダー柄

ハーフ・ステップ送り

【布】コスモジャバクロス65（10. オフホワイト）
【糸】コスモ25番刺しゅう糸　ブルーグレー（733）、緑（319）
※四方送りとボーダー柄の図案は p.23「Girly 05」と同じ。
　ハーフ・ステップ送りの図案は p.95。

Natural

01

a

b

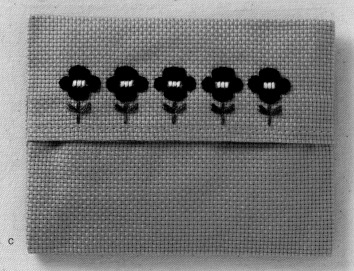
c

72

how to stitch

材料

a
【布】コスモジャバクロス65（35.アイボリー）
【糸】コスモ25番刺しゅう糸 白（100）、青（167）、青緑（535）
b・c共通
【布】コスモジャバクロス65（54.ノーブルグレー）
【糸】コスモ25番刺しゅう糸 黒（600）、白（100）、緑（319）

※cのティッシュケースの仕立て方はp.93。

a・b共通

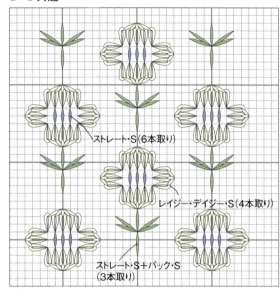

c

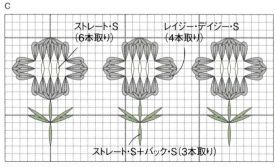

Natural
02

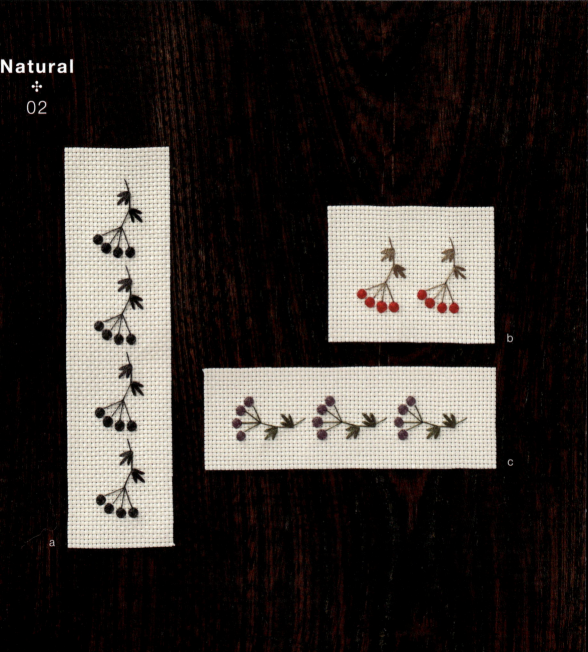

how to stitch

材料
a
【糸】コスモ 25 番刺しゅう糸 黒（601）
b
【糸】コスモ 25 番刺しゅう糸 ベージュ（369）、赤（242）
c
【糸】コスモ 25 番刺しゅう糸 緑（635A）、紫（764）
共通
【布】コスモジャバクロス 65（35. アイボリー）

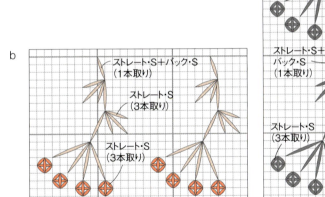

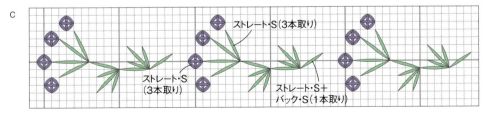

Natural

03

a

b

how to stitch

材料
【布】コスモジャバクロス 65（1. ブラック）
【糸】コスモ 25 番刺しゅう糸 白（1000）

a
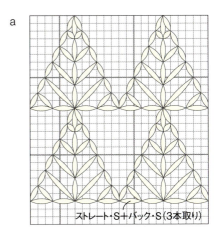

b
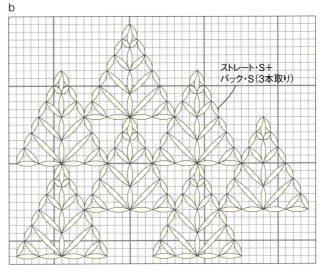

Natural
✜
04

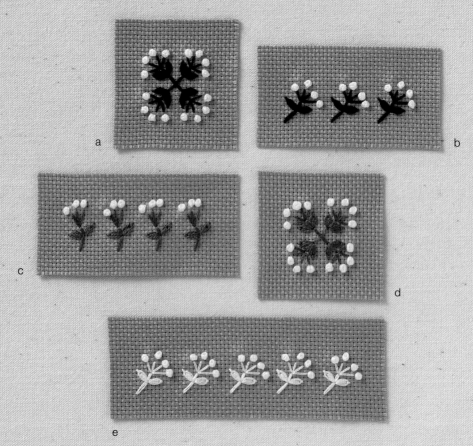

78

how to stitch

材料
a・b共通
【糸】コスモ25番刺しゅう糸 白(110)、黒(600)
c・d共通
【糸】コスモ25番刺しゅう糸 白(110)、緑(319)
e
【糸】コスモ25番刺しゅう糸 白(110)
共通
【布】コスモジャバクロス65(54.ノーブルグレー)

a・d共通

b・e共通

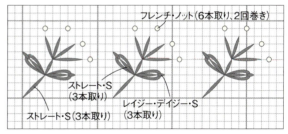

c

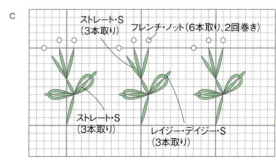

Natural
✥
05

a b

how to stitch

材料
a
【糸】コスモ25番刺しゅう糸 緑（320）
b
【糸】コスモ25番刺しゅう糸 こげ茶（687）
共通
【布】コスモジャバクロス65（35.アイボリー）

共通

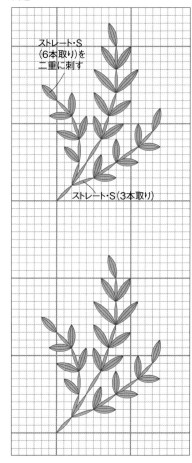

ストレート・S
（6本取り）を
二重に刺す

ストレート・S（3本取り）

Natural

✣

06

a

b

c

d

✣
82

how to stitch　Natural✢06（p.82・83）

材料
a・c・d・e
【糸】コスモ25番刺しゅう糸 黄色（2702）、グレー（715）
b・h
【糸】コスモ25番刺しゅう糸 黄色（2702）、緑（924）
f
【糸】コスモ25番刺しゅう糸 緑（924）
g
【糸】コスモ25番刺しゅう糸 グレー（715）
共通
【布】コスモジャバクロス65（35.アイボリー）

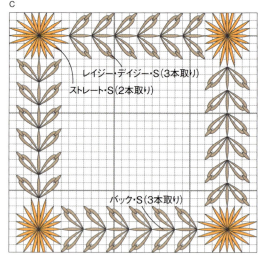

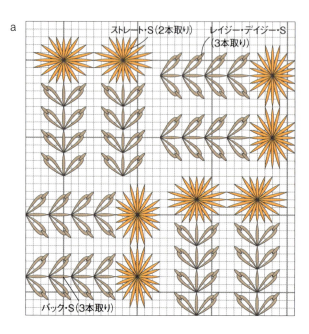

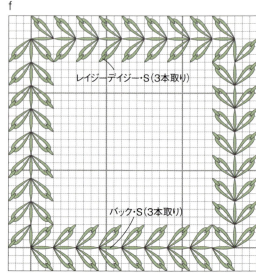

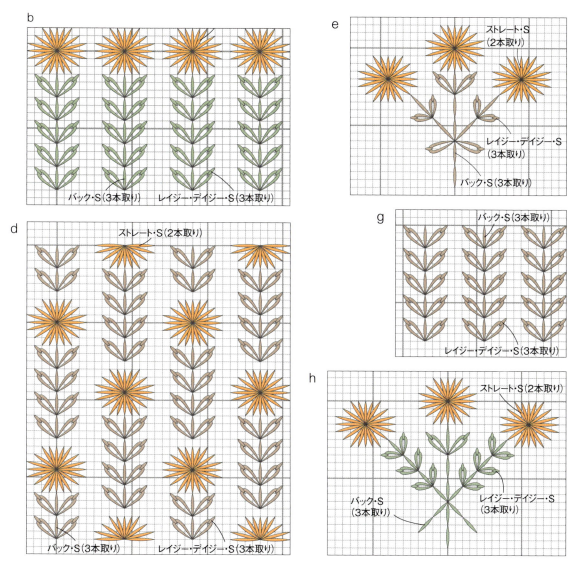

Natural

07

a

b

c

d

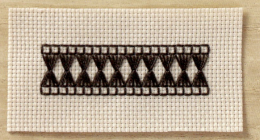

86

how to stitch

材料
a
【糸】コスモ25番刺しゅう糸 黒（601）
b
【布】コスモジャバクロス65（54.ノーブルグレー）
【糸】コスモ25番刺しゅう糸 白（110）
c
【糸】コスモ25番刺しゅう糸 ベージュ（383）
d
【糸】コスモ25番刺しゅう糸 グレー（895）
a・c・d共通
【布】コスモジャバクロス65（35.アイボリー）

※刺し穴がかくれないように、先に放射線状のステッチを刺し、
　その後に上下の四角のステッチを刺す。

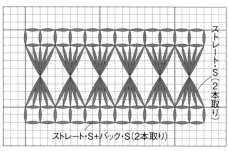

共通

Natural

08

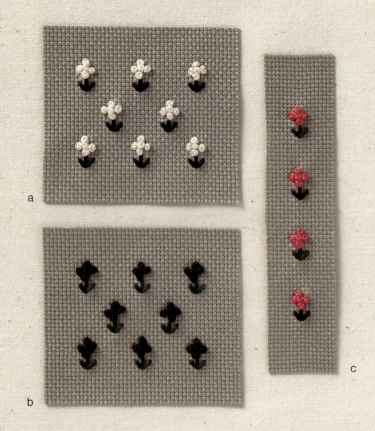

a

b

c

how to stitch

材料
a
【糸】コスモ 25 番刺しゅう糸 白（1000）、黒（601）
b
【糸】コスモ 25 番刺しゅう糸 黒（601）、緑（320）
c
【糸】コスモ 25 番刺しゅう糸 ピンク（504）、黒（601）、緑（320）
共通
【布】コスモジャバクロス 65（54. ノーブルグレー）

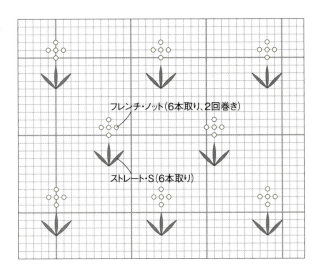

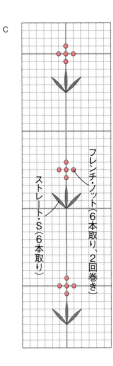

Natural

09

a

b

c

how to stitch

材料
【布】コスモジャバクロス 65 (54. ノーブルグレー)
【糸】コスモ 25 番刺しゅう糸 白 (110)

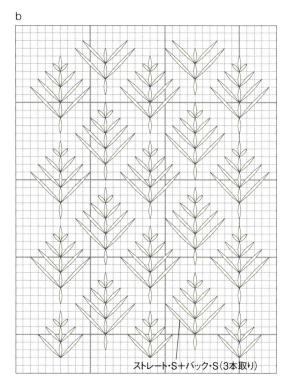

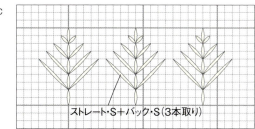

作品の仕立て方

刺しゅう枠の仕立て方（p.18, 36, 51）

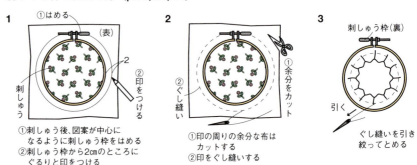

くるみボタンの仕立て方（p.24, 46, 56, 64）

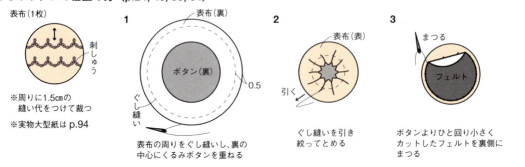

ピンクッションの仕立て方（p.62）

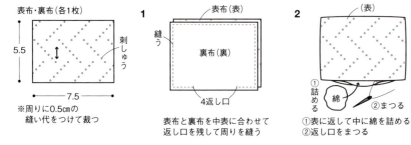

ティッシュケースの仕立て方（p.72）

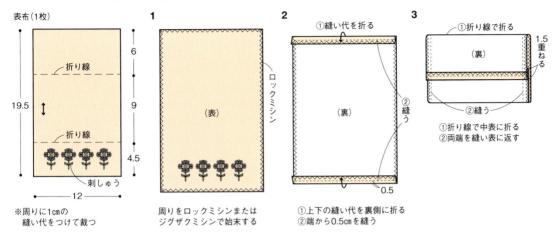

がま口の仕立て方（p.50）

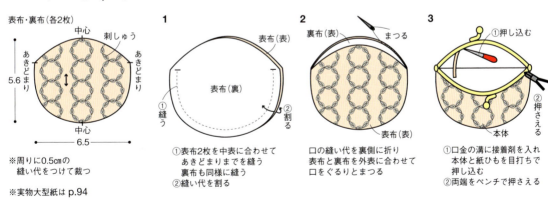

作品の実物大型紙

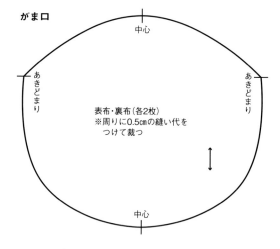

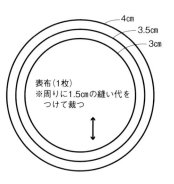

章のはじまり (p.13, 39, 55, 71)

共通

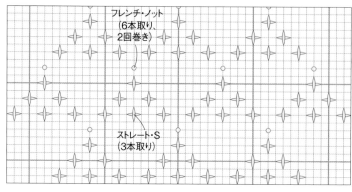

材料

p.13
- 【布】コスモジャバクロス 65（10. オフホワイト）
- 【糸】コスモ 25 番刺しゅう糸
  緑（317）、ピンク（651）

p.39
- 【布】コスモジャバクロス 65（54. ノーブルグレー）
- 【糸】コスモ 25 番刺しゅう糸
  白（110）、黒（600）

p.55
- 【布】コスモジャバクロス 65（10. オフホワイト）
- 【糸】コスモ 25 番刺しゅう糸
  黄色（700）、青（215）

p.71
- 【布】コスモジャバクロス 65（35. アイボリー）
- 【糸】コスモ 25 番刺しゅう糸
  グレー（715）、こげ茶（3311）

布について (p.54)

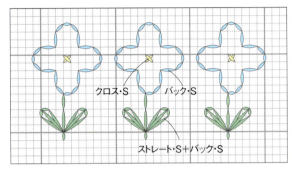

柄の送りについて (p.70)

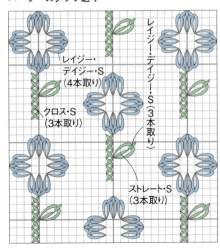

Profile

池田みのり

手芸関連の出版社で編集者として勤務した後、手芸メーカーに勤務。刺しゅうキットや用品など、刺しゅうにまつわる商品の企画を担当している。

Staff

作品デザイン・制作	池田みのり
デザイン	橘川幹子
撮影	天野憲仁（日本文芸社）
図案	株式会社ウエイド
	大島幸
編集	菊地杏子

素材協力

株式会社ルシアン

〒 532-0004

大阪府大阪市淀川区西宮原 1-7-51 ワコール大阪ビル

お客様センター　0120-817-125

（通話料無料、9:00 ～ 17:30 土・日・祝は除く）

http://www.lecien.co.jp/

撮影協力

UTUWA

〒 151-0051

東京都渋谷区千駄ヶ谷 3-50-11 明星ビルディング 1F

TEL　03-6447-0070

連続模様で楽しむ　かんたん刺しゅう

2018 年 8 月 20 日　第 1 刷発行
2020 年 9 月 1 日　第 4 刷発行

著　者　池田みのり
発行者　吉田芳史
印刷所　図書印刷株式会社
製本所　図書印刷株式会社
発行所　株式会社 日本文芸社
〒 135-0001　東京都江東区毛利 2-10-18　OCMビル
TEL 03-5638-1660（代表）

Printed in Japan　112180810-112200821　Ⓝ 04　（201060）
ISBN978-4-537-21597-7
URL https://www.nihonbungeisha.co.jp/
© Minori Ikeda　2018
編集担当　吉村

印刷物のため、作品の色は実際と違って見えることがあります。ご了承ください。
本書の一部または全部をホームページに掲載したり、本書に掲載された作品を複製して店頭やネットショップなどで無断で販売することは、著作権法で禁じられています。

乱丁・落丁本などの不良品がありましたら、小社製作部宛にお送りください。送料小社負担にておとりかえいたします。
法律で認められた場合を除いて、本書からの複写・転載（電子化を含む）は禁じられています。また、代行業者等の第三者による電子データ化および電子書籍化は、いかなる場合も認められていません。